AF338944

LA SORCIÈRE DE RIBEMONT

Episode Historique de 1570.

Par Ch. Gomart, membre résident.

Le vulgaire, qui a toujours eu un attrait pour le merveilleux, abandonne rarement sa dernière croyance soit aux apôtres d'une religion nouvelle, soit aux énergumènes d'une philosophie sceptique. L'étude des superstitions d'un peuple fait donc partie de l'examen philosophique de ses mœurs, de ses coutumes, de sa littérature, principaux éléments qui constituent son individualité nationale. Les sorciers, les possédés, les thaumaturges ont existé de tout temps ; l'antiquité a eu ses sybilles, sa mythologie ; le moyen-âge, sa magie, sa sorcellerie. Les sorciers existent encore aujourd'hui, mais sous des dénominations différentes (1) ; ils existeront probablement toujours.

Il faut reconnaitre aussi qu'il est des temps et des lieux qui conviennent plus particulièrement aux étranges destinées des thaumaturges. La Flandre et la Picardie sont des contrées qui prêtent merveilleusement à la réussite des visionnaires ; en effet, un ciel brumeux, un climat froid, triste et souvent chargé de brouillards, prédisposent plus facilement l'imagination aux idées surnaturelles. On a pu remarquer en même temps que les malins esprits fréquentent moins les villes que les villages, ou les lieux déserts

---

(1) Les jongleurs, les physiciens, les somnambules, les magnétiseurs, ne sont-ils pas devenus les devins de la civilisation ?

et marécageux. On les rencontre surtout dans les lieux dont les émanations font, en certains cas, apparaître la nuit des gaz ou des feu-follets.

Les écrivains du moyen-âge n'ont été ni assez éclairés, ni assez hardis, pour révoquer en doute l'existence des sorciers et des fantômes; car, à une certaine époque, l'esprit fort qui aurait hésité à croire aux pratiques de la sorcellerie eût été soupçonné d'y participer. La croyance en ces absurdités était donc, pour plusieurs, un article de foi; pour d'autres, une suite de leur prudence.

Nous sommes heureusement arrivés à un point de civilisation où la sorcellerie n'existe plus, pour ainsi dire, que dans les romans et dans les souvenirs des vieilles femmes; à peine reste-t-il quelques villages isolés des grandes villes et des routes fréquentées, quelques hameaux enclavés dans les forêts, qui possèdent encore un vieux berger, sorcier honteux, isolé, exerçant dans le mystère, non sans crainte, et presque toujours sans profit. C'est aujourd'hui un sot métier qui ne nourrit plus son maître, et le conduit assez souvent sur les bancs de la police correctionnelle, et la parole magique d'un éloquent avocat ne suffit pas toujours pour l'en retirer. La génération nouvelle de nos villages, où la bienfaisante instruction se répand de plus en plus, ne craint plus de rencontrer sur son chemin, après le soleil couché, soit la vieille édentée au regard louche, soit le berger malin aux cheveux grisonnants.

On est frappé, en parcourant les différents procès de sorciers qui ont eu quelque retentissement, au seizième siècle, de rencontrer chez les hommes et chez les femmes accusés de sorcellerie, cette foi vive qui, le plus souvent, leur faisait soutenir naïvement, au milieu des souffrances de la torture, qu'ils avaient assisté au sabbat, décrivant, comme si c'était une réalité, les circonstances les plus minutieuses et les plus bizarres de leur vision. Pour un examinateur impartial, la possession séculière est plus difficile à expliquer que la possession religieuse, à moins d'accorder à la maladie ou à un compérage bien organisé la plus grande part dans l'action.

Jusqu'en 1682, la procédure suivie pour la poursuite des sorciers fut à peu près arbitraire. Les lois et ordonnances de Charles VIII, enjoignaient *de rôtir, brûler, sans autre forme de procès, les sorciers, magiciens et autres qui pullulaient dans le royaume*. L'ordonnance de juillet 1682 fit révolution dans ce système absurde, et, dès que les sorciers ne furent plus poursuivis que comme trompeurs, profanateurs, ou empoisonneurs, c'est-à-dire pour leurs véritables crimes, leur nombre diminua visiblement. On venait d'arracher le masque qui couvrait leurs artifices.

Un juge présidial au bailliage de Laon, Bodin, Angevin, a écrit plusieurs ouvrages pour prouver l'existence des sorciers, entr'autres: *Colloquium de abditis sublimium rerum arcanis* et la *Démonomanie des sorciers*, un vol. in-8°, Paris, 1581. Dans ce dernier ouvrage, il a rassemblé une énorme quantité de matériaux, cité un grand nombre de faits pour faire prévaloir son opinion. A chaque pas, on trouve des citations relatives à une pauvre femme, nommée Jehanne Harvillers, qu'il fut appelé à juger à Ribemont, en avril 1578, et qu'il condamna comme sorcière à être brûlée vive. C'est avec les faits cités par Bodin, (1) dans la *Démonomanie* que nous avons essayé de reconstruire avec ses

____

(1) Bodin (Jean), conseiller de François, fils de France, comte d'Anjou, secrétaire de ses commandements, maître des requêtes de son hôtel et son grand-maître des eaux et forêts, puis procureur du roi du Présidial de Laon. Grand publiciste, il est considéré dans son livre *De la République* comme le précurseur de Montesquieu. Grand orateur, sa mâle éloquence en fit l'oracle des premiers Etats de Blois. Né en 1530, — mort en 1596.

Manuel hist. du départ. de l'Aisne, 193.

incidents. le procès de la sorcière de Ribemont, tout en nous aidant, pour le surplus, de ce qui s'était passé dans les procès analogues qui avaient lieu, à la même époque, dans la Flandre française.

On comprend aujourd'hui difficilement jusqu'où des hommes respectables, des religieux, des prélats, des gouverneurs de provinces, des juges même, ont poussé la crédulité sur ces matières; on ne peut, on ne doit pas leur supposer d'intentions cruelles, dès-lors, il faut admettre qu'ils se repaissaient d'illusions et que la créance des récits merveilleux trouvait facilement accès dans leur esprit.

Jehanne Harvillers était de cette race de bohémiens que les croisés avaient ramenée d'Orient à leur suite, race qui n'avait pu se fondre dans celle du pays qui la repoussait. Quoiqu'au moment de son procès elle eût déjà 50 ans, on voyait encore des traces de son ancienne beauté. On remarquait en elle non-seulement le teint sombre, mais encore le caractère de la physionomie de Bohème. De grands yeux brillants d'un feu dont on avait peine à supporter la vivacité et l'éclat, un profil aquilin, une véritable finesse de traits, des dents dont l'émail rivalisait avec la perle et des cheveux autrefois noirs comme la plume du corbeau, maintenant grisonnants, longs et ondoyants autour de ses tempes formaient une singulière beauté, qui, avec l'étrangeté de sa mise, tranchait sur les autres habitants du baillage.

Depuis peu d'années elle habitait, au faubourg de Suzenval, non loin de la rivière d'Oise, une mauvaise chaumière vivant, avec sa fille Rosalie, on ne sait de quelles ressources. Quelle vie avait menée Jehanne jusqu'alors? C'est un mystère que nous laissons à d'autres la mission de vous dévoiler, mais une rumeur sourde l'avait depuis longtemps signalée comme sorcière. Personne dans le canton ne savait d'où elle venait, ni même depuis combien de temps elle habitait le pays. On avait aperçu quelquefois des lumières pendant la nuit, à travers les huis de sa maison, aussi, disait-on communément qu'elle avait communié avec *l'hostie rousse.* (1)

Dans une maison où elle était entrée, la pâte s'était gâtée. — Dans une autre la crème avait refusé de se convertir en beurre. — Une année, elle avait fait périr les fruits de la terre. — Une autre fois, elle avait répandu des germes d'épizootie dans les étables et jeté des sorts aux animaux. Avec une pareille renommée, elle fut bientôt la bête noire de toute la contrée, et aucun accident n'arriva qu'il ne fût aussitôt attribué à ses maléfices. Les commères de Ribemont lui attribuèrent des charmes d'un autre genre : on l'accusait d'*envouter* et de fabriquer des images de cire pour inspirer l'amour, ou donner la mort (2). On disait tout bas qu'elle avait envoyé des langueurs à la fille du procureur du roi de Ribemont, Claude Dofay. — Le Tabellion du château n'avait pas été lui même à l'abri de ses coups, et les malignes langues disaient qu'il avait l'éguillette nouée et, qu'il n'habitait plus avec sa femme, (3) depuis l'arrivée de Jehanne à Ribemont, quoiqu'il oût vainement mangé nombre de fois des piverts rôtis, à jeûn, avec du sel beni (4).

---

(1) C'est une opinion populaire que les sorciers communiaient au sabbat avec une *hostie rousse.*

(2) Cette espèce de sacrilège était connu des anciens. Ovide. *Epis.* 6, *vers* 91. Tibulle. *Livre* 1, *Elégie* 9, *vers* 18.

(3) J'ai su d'un gentilhomme que sa tante avait empêché la femme d'Iceluy d'avoir enfants, comme elle confessa en mourant, pour faire tomber la succession à ses enfants. Sitôt qu'elle fut morte, la nièce fut enceinte, qui est accouchée depuis sa mort, et bientôt après fut encore enceinte, combien qu'il y avait onze ans qu'ils étaient mariés. *Démonomanie de* Bodin, page 236.

(4) L'oiseau qu'on appelle pivert est un souverain remède contre le sorcilège de l'éguillette nouée, si on le mange rôti, à jeûn avec du sel béni... *Secrets du Petit Albert,* page 15.

Enfin on ajoutait bien bas, en se signant, qu'elle avait fait danser le grave abbé de St-Nicolas sous Ribemont, René-Hector de Mégrigny, nu-pieds, sa chemise aux dents, en lui faisant prendre en guise de tabac une poudre mystérieuse. (1)

Tous ces dires colportés dans les veillées, grossis par les bonnes langues, indisposaient la population contre la pauvre Jehanne, lorsqu'un fait dans lequel elle se trouva impliqué fit éclater contre elle l'animadversion générale. François Prudhomme, cultivateur fort estimé de Ribemont, fut atteint subitement d'une maladie aiguë, en passant par un sentier qui traversait l'héritage de la chaumière de Jehanne. Cette femme eut beau recueillir le malade chez elle, lui prodiguer ses soins, employer les remèdes les plus efficaces pour le soulager, on ne lui tint aucun compte de ses efforts; bien plus, on la menaça de la lapider si Prudhomme mourait.

Voici comment elle raconta depuis au juge cet accident, résultat d'un sacrilége, au dire de Bodin; — « Un jeune » homme, André Brûlart, a battu ma fille, ma chère Ro- » salie, ma pauvre enfant, l'unique objet de ma ten- » dresse, la seule joie de mon âme, belle sous les hail- » lons comme la filleule d'une fée! — Oh! si vous saviez » ce qu'on éprouve quand on entend les cris de douleur de » son enfant, quand on voit briller son œil noir à travers » les larmes, comme cela remue les entrailles et fait bouil-

(1) Prenez de la marjolaine sauvage; de la franche marjolaine du thim sauvage, de la verveine, des feuilles de myrthe, avec trois feuilles de noier et trois petites souches de fenouille; tout cela cueilli la veille de la saint Jean, avant le soleil levé. Il faut les faire sécher à l'ombre, les mettre en poudre et les passer au fin tamis de soye. Quand on veut exécuter ce badinage, il faut souffler de cette poudre en l'air dans l'endroit où est la personne, ou lui en faire prendre en guise de tabac, et l'effet suivra de près...
Secrets du Petit Albert, page 22.

» lir le sang !...... J'ai couru pour la défendre ; mais André
» m'a repoussée et nous a frappées toutes deux. J'ai juré
» que nous serions vengées, et, le soir même, j'ai reçu de
» celui qui venait me visiter une poudre (1) qui, placée
» sur le passage de mon ennemi, sous l'influence plané-
» taire de la lune, devait lui donner la mort. J'ai été la
» répandre, le lendemain, sur les branches de la haie qui
» bordait mon verger, dans le sentier même qu'André seul
» a l'habitude de prendre. Par une malheureuse fatalité,
» François Prudhomme, celui de nos voisins que j'estime le
» plus, est entré dans le chemin empoisonné. En vain,
» j'ai couru vers lui, en lui criant de se détourner, et lui
» faisant signe d'écarter les branches de la haie, il n'est
» arrivé à moi que pour tomber en défaillance dans mes
» bras. Si Dieu pardonne à ceux qui sont repentants, cette
» faute ne me sera pas comptée, car j'ai employé pour
» Prudhomme tous les remèdes que je connaissais, mê-
» me les préservatifs les plus puissants, le *Citron*, la
» *Rhue*, les *Pilules cordiales*, le *Mithridate* et le *Thériaque*.
» (2) A l'insuccès de ces remèdes, j'ai compris bientôt que
» celui-là seul qui avait fait le mal pouvait le réparer. Le
» soir, je lui contai ma vive douleur, j'embrassai ses
» genoux; il m'a souri d'une affreuse manière, et il est resté
» inflexible à toutes mes prières..... »

Le malheureux Prudhomme mourut après deux jours
d'horribles souffrances. Jéhanne sans ressource, sans es-

---

(1) Arsenic, réalgar, orpiment et sublimé.

(2) Il est inutile de prouver l'excellence de ces cinq préservatifs,
savoir du *Citron*, de la *Rhue*, des *Pilules cordiales*, du *Mithridate* et de la *Thériaque* ; on peut s'en servir sans crainte et suivant la manière prescrite... Ils font les plus merveilleux effets dans
les maladies dangeureuses : à la *paralysie, epilepsie, apoplexie,
hidropisie*, à la *goutte*, à la *manie*, à la *pierre*, à la *lèpre*, etc.
Les Secrets d'Albert-le-Grand, page 294 et 299.

pérance, saisie de frayeur, courut aussitôt par les rues de
Ribemont, disant son malheur à qui voulait l'entendre,
demandant des secours à tout le monde et n'en trouvant
nulle part. Puis, comprenant que la main de la justice allait s'appesantir sur elle, elle se cacha dans une grange en
attendant la nuit ; mais elle fut bientôt traquée et traînée,
au milieu de la population frémissante de Ribemont, vers
le siége du procureur de roi, Dofay. Celui-ci fit mettre im-
médiatement la coupable sous les verroux, dans la tour de
Chin, et, de crainte que le peuple, qui menait grand ta-
page, ne lapidât magistrat et sorcière, il promit bonne et
prompte justice. (1)

Des informations prises (2) il résulta que l'accusée avait
plusieurs fois changé de domicile et de nom pour couvrir
son origine, et que partout elle avait été soupçonnée d'ê-
tre sorcière. Elle s'appelait Jehanne Harvillers, née à Verberie. A l'âge de 20 ans, elle avait été fouettée, en 1548,
sur la place publique, à Senlis, comme fille de sorcière,
en même temps que sa mère était brûlée vive par arrêt de
la cour du parlement, confirmatif de la sentence du juge
de Senlis. C'était-là une charge accablante pour la pauvre
Jehanne, car la fille d'une sorcière pouvait-elle ne pas l'être
elle-même ? Chacun lui attribua hautement tous les mal-
heurs, toutes les pertes qu'il avait essuyés depuis un
temps immémorial ; le Procureur lui-même ne fut pas,
malgré sa conscience, à l'abri de la prévention que la malheureuse sorcière n'était pas étrangère aux langueurs qui
depuis quelques temps consumaient sa fille.

Le procès s'instruisit avec l'adjonction de deux commis-
saires. Jehanne parut devant ses juges, pieds nus, et trai-

---

(1) Peu de temps auparavant, à Hargunone, près Laon, deux
sorciers, condamnés au fouet, avaient été arrachés des mains des
officiers de la justice et lapidés séance tenante. BODIN, *livre 4*,
page 166.

(2) Démonomanie de BODIN, *livre 4*, page 169.

née à reculons par l'huissier. (1) La grande taille de cette femme avait quelque chose de surnaturel; ses habillements, ou plutôt sa manière de les arranger, indiquait je ne sais quoi d'étranger. Une étoffe de coton rouge, roulée autour de la tête, formant turban, faisait ressortir le feu de ses yeux, et ses traits hâlés par les intempéries de l'air. Ses longs cheveux grisonnants s'échappaient en boucles mêlées au travers de sa bizarre coiffure. Quiconque eut observé ses joues creuses, son œil cave et brillant, et, sous leurs noirs vêtements, ses formes, quoique bien prises et bien propor-tionnées, mais ayant je ne sais quoi de repoussant; ses che-veux tombant le long de son visage, semblables à des algues marines enchevêtrées, aurait reconnu qu'elle était vision-naire. Il était impossible de ne pas admirer la singularité de ce visage, dans lequel cependant on surprenait l'expres-sion astucieuse et farouche, que la guerre avec la société avait imprimée sur la face du peuple à part qu'elle rappelait.

On procéda à son interrogatoire : elle répondit qu'elle était née à Verberie, près Compiègne. Sur ce, le prési-dent mit ses lunettes, et se prit à l'interroger pendant plus de quatre heures :

D. Savait-elle ensorceler ?

R. Non, elle n'entendait rien à la magie.

D. N'était-elle pas sorcière ou magicienne ?

R. Si elle était ce qu'on imagine, serait-elle prison-nière ?

D. N'avait-elle pas donné naguère son âme au démon ?

R. Si elle avait donné son consentement à telle chose, elle le saurait, et ne le scay point.

D. N'avait-elle jamais évoqué le diable ?

____

(1) Cette ridicule précaution était toujours employée lors de la première apparition d'une sorcière devant ses juges. On s'imaginait que sans cela elle les fascinerait de ses regards. *Revue B.* page 397.

R. Dieu la préserve d'un pareil malheur !

D. Néanmoins plusieurs personnes l'avaient vu rebaptisée par le démon dans les eaux de l'Oise.

R. Elle s'était baignée dans la rivière, vu qu'il faisait fort chaud.

D. N'était-elle point allée au Sabbat ?

R. Elle ne savait rien de ce qu'on lui demandait ; c'était tout songe que cela.

D. Ceci n'est-il pas ton onguent de sorcière, que le greffier a trouvé dans ton bahut ? Que dit-tu de cet onguent ? Voyons, parle !

R. C'était un onguent pour la peau, pour guérir les gerçures ; du moins l'apothicaire de Saint-Quentin à qui elle l'avait acheté le disait ainsi.

D. Encore une fois Jehanne, avoue que tu es sorcière ?

R. Ne le suis, vous dis-je ; et n'ai aucun pouvoir diabolique ni autrement ; sinon auprès d'un autre que vous ; à cette heure je serais.

D. Tu persistes à le dire ?

R. Je le soutiendrai jusqu'à la mort.

Elle nia ensuite la plus grande partie des sacriléges qu'on lui attribuait ; mais elle avoua avoir répandu des poudres malfaisantes dans la haie près de laquelle Prudhomme était passé, le jour où il était tombé si gravement malade ; — ajoutant qu'elle avait fait depuis tout son possible pour sauver cet homme innocent.

Sa voix lente, grave et remarquable par une ampleur, une mélodie naturelle ; son maintien taciturne, rêveur, sombre ; ses manières empreintes d'une froideur invariable, et son air préoccupé, tout avait vivement impressionné l'auditoire.

Nous allons analyser les charges du procès, et les crimes imaginaires dont elle était accusée. Ces témoignages feront voir que Jehanne, douée d'une imagination exaltée, ma-

ladive, était plus visionnaire que coupable, et que les pré-
tendus sacrilèges qu'on lui attribuait se bornaient au débit
de quelques drogues insignifiantes comme les charlatans
et marchands d'orviétan en débitent encore aujourd'hui sur
la place publique.

Un gastronome de Ribemont, Grégoire Savouret, argua
contre la pauvre Jehanne que l'ayant consultée sur le moyen
de pouvoir boire beaucoup, sans perdre la raison, elle lui
avait conseillé, pour se garantir de l'ivresse, lorsqu'il serait convié à quelque festin, de prendre, avant de se mettre à table, deux cuillerées d'eau de Bétoine, — qu'il avait
pris exactement cette eau, mais qu'elle ne l'avait pas empêché de perdre une grande partie de sa raison. — Il con-
venait du reste, comme circonstance atténuante, avoir co-
pieusement bu. (1)

Marguerite Carpentier, femme Michel Lequeux, couvreur
en la paroisse de Sissy, âgée de 40 ans, déposa que Jehanne Harvillers étant venu la voir, lui avait marchandé
un coq noir, assez beau en plumage, mais qu'elle n'avait
pas voulu le lui vendre ; si bien que le dit coq tôt après
devint malade, et mourut, à quelques jours de là, desséché
et léger comme une plume. — La déposante s'appercevant
que ses poules étaient accidentées du même mal, et s'ima-
ginant que c'était par sortilége, a employé l'assistance des
révérends pères de Saint-Nicolas-sous-Ribemont, pour

____

(1) Comme l'homme n'a rien de plus estimable que sa raison et
qu'il lui arrive souvent de la perdre par l'excès du vin ; si vous
craignez de succomber à la douce violence de Bacchus, vous boi-
rez, avant de vous mettre à table, deux cuillerées d'eau de Bétoine
et une cuillerée d'huile d'olive, et vous pourrez boire du vin en
toute sûreté…. Vous prendrez garde que le verre ou la tasse
dans quoi on vous servira à boire ne sente point la sariette ou la
rapure d'ongles ; car ces deux ingrédients contribuent beaucoup à
l'ivresse….

Les Secrets du Petit-Albert, page 33.

faire exorciser ses poules, comme aussi le reste de ses bestiaux; ensuite de quoi lesdits poulets ont été guéris.

Geneviève Nique, de Senercy, déclare que n'ayant pu se rendre à la Saint-Nombre, deux ans auparavant, elle avait acheté à Jehanne Harvillers plusieurs bottes de chanvre, que celle-ci disait avoir ramenées de Parisis. Mais ce chanvre, placé sur la quenouille, s'était mêlé à n'y pouvoir trouver un bout, et elle, la meilleure fileuse de Ribemont, perdait ses peines et ne produisait qu'un fil inégal rempli de bourres et cassant à tout moment. — La toile faite avec un pareil fil avait été inégale, toujours écrue; quoiqu'elle eut été trempée, à plusieurs reprises, dans l'urine d'un bouc noir. — Elle ajoutait que le jour où son mari s'était couché dans les draps de ce fil maudit, il avait été paralysé et perclus de tous les membres. — Elle avait consulté l'Égyptienne sur ces maléfices, et celle-ci lui avait répondu: Le temps est arrivé! — Le destin est accompli! — La roue tourne! puis elle lui avait donné une emplâtre composée d'encens, de myrrhe, de thérébentine, de costum, de grains de laurier, de souchet (cyperus), de miel, de fiente de bœuf, de pigeon, de chèvre, de cheval, etc.; (1) mais que son pauvre défunt était mort, malgré cette emplâtre.

Un autre témoin, André Tupignon, vint déposer que Jehanne avait, l'année passée, si bien charmé un jeune homme de Parpeville, qui sentait déjà le dernier froid dans ses cheveux, qu'elle l'avait guéri en lui faisant avaler un *bolus purgatif*; elle avait chassé, de plus, par un talisman mystérieux, la maladie dans le corps d'un âne qui était mort incontinent.

Un cultivateur de Monceau-le-Viel, Mathieu Gordet, dé-

____

(1) Recette indiquée par Ambroise Paré. Voir ses œuvres, page 300.

clara qu'il s'était moqué de Jehanno, qu'il appelait alors vielle folle, radoteuse, bonne à dire la bonne fortune aux enfants, mais il ajouta, en se signant, que depuis quelque temps rien ne lui réussissait : la maladie avait envahi ses étables, ses troupeaux ; — le blé qu'il avait semé ne gaîffait plus ; —son pigeonnier était vide ; —son verger rongé par des milliers de chenilles. En vain il avait suspendu au-dedans du colombier le crâne d'un vieillard dans lequel il avait placé le lait d'une femme allaitant une fille de deux ans, (1) les pigeons n'avaient pas multiplié, et malgré la grosse nourriture qu'il leur avait donnée, ils avaient déserté le colombier. — Chaque jour l'acheminait vers sa ruine, les gens de loi avaient planté des pieux garnis de paille dans toutes ses empouilles pour en annoncer la vente ; — le collecteur des tailles, qui n'était point payé, menaçait de saisir ses meubles et d'emporter au besoin les huis et les fenêtres. — Enfin, il ajoutait que Catherine Moulier, la plus jolie fille du baillage, avec qui il avait échangé la bague de fiançailles, repoussait maintenant ses cadeaux et ses avances, quoi qu'il eut pendu à son bras gauche l'aquilaire. (2)

A la suite de ces dépositions, le juge fit de nouvelles questions à l'accusée :

D. — Pourquoi, si elle était innocente, avait elle promis à Geneviève Nique de lui donner un nouveau coq ?

R. — C'était par bonté.

____

(1) Si vous suspendez au dedans du colombier le crâne d'un vieillard dans lequel on mettra le lait d'une femme qui allaite une fille de deux ans, soyez assuré que les pigeons se plairont dans le colombier et y multiplieront abondamment... *Les secrets du Petit-Albert*, page 28.

(2) Si on veut donner de l'amour, on prend l'aquilaire, pierre qu'on trouve ordinairement dans le nid de l'aigle... Cette pierre, étant pendue au bras gauche, donne de l'amour, etc. *Secrets d'Albert-le-Grand*, page 107.

D. — Pourquoi avait elle jeté un sort sur les moissons de Mathieu Gordet ?

R. — Oncques ne fit mal à aulcun par sa volonté.

D. — Nierait-elle également que, par sa malice, la femme Lombry eût donné naissance à un diablotin, lequel, à peine au jour, s'était enfui par la fenêtre.

R. — Certainement elle le niait, tous les jours de sa vie avaient été employés à répandre le bien et non pas le mal.

D. — Cependant, les victimes de vos œuvres sataniques ont tout déclaré devant la justice.

R. — Quand ils auront tout dit, ils se tairont.

D. — Alors réfutez leurs dépositions ?

R. — J'attends que Dieu monstre la vérité.

Les charges s'accumulant ainsi de toutes parts sur Jehanne, on lui imputait à crime tous les indices les plus ordinaires.

Le juge voulut ensuite faire constater, comme pièces de conviction, les marques (1) que Satan avait déposées sur le corps de Jehanne. Jean Herem, officier de justice des hautes œuvres, à la résidence de Laon, pour ce expressément appelé, déclara « avoir trouvé sur la prisonnière, » une marque, de forme ovale, d'une couleur tirant sur le

---

(1) Les démonographes prétendaient que le diable marquait les personnes qui s'enrôlaient à son service ; il les touchait sur une des parties principales du corps, et dès lors il s'y imprimait, en couleur livide, des figures de crapauds, de lièvres, de hiboux, de serpents, quelquefois de petits chiens noirs. La première cérémonie du sabbat consistait à s'assurer que les sorciers présents portaient des marques.

Les endroits stygmatisés devenaient insensibles. Quand le diable abandonnait un de ses serviteurs accusé de magie, s'il voulait le perdre, il faisait disparaître les marques. Voilà pourquoi, dit la chronique, les stygmates n'ont pas toujours été retrouvés sur les individus qui s'étaient d'eux-mêmes déclarés sorciers.

Démonomanie de Bodin. *Liv.* 2 f° 80

» jaune, au bas de l'épaule gauche ; qu'ayant fait diverses
» piqûres tant à la dite marque qu'aux environs, il avait
» reconnu qu'après avoir fiché une épingle jusqu'à la tête
» dans la marque, la prisonnière était restée insensible,
» ou du moins avait fait semblant de ne rien sentir. Pour le
» plus grand apaisement et assurance du juge, on fit appeler
» pour cette visite MM. Jehan de Langellerie et Robert
» Lartizien, tous deux physiciens (1) à Ribemont et Origny,
» lesquels déclarèrent sous serment que le rapport de l'of-
» ficier était véritable en tous points, ayant vu faire les
» piqûres et vu aussi l'insensibilité de la prisonnière. »

La prisonnière, interrogée d'où cette marque lui prove-
nait, n'a su répondre autre chose sinon qu'elle a eu autrefois un assez fort clou à l'épaule gauche.

Le juge se levant soudain, s'approcha de Jehanne et lui
séparant les paupières : Voyez, s'écria-t-il, un signe qui ne
me trompe jamais (2). Il montrait en même temps une petite
tache que l'accusée avait sous la paupière droite et qui
ressemblait beaucoup à une cicatrice qui serait demeurée
après la guérison d'une taie. — Tu vois, dit le juge, le démon t'a marqué le corps et l'âme, et cependant tu persistes
à mentir au Saint-Esprit ! mais, ceci ne te profitera point,
et ta punition n'en sera que plus lourde.

Le lendemain, Bodin voulut voir par lui-même la marque imprimée par Satan sur l'épaule de Jehanne, mais elle
était effacée (3). Sur cette nouvelle preuve de sacrilège,
la Cour décida qu'il existait contre elle ce que les légistes
appellent *indicia legitima, prægnantia, et sufficientia ad tor-
turam ipsam*, l'honorable Cour citait à l'appui de son arrêt
une vingtaine d'auteurs.

____

(1) Médecins.

(2) Voir, entr'autres autorités, sur les indices auxquels on re-
connaissait les sorciers, DELRIO, *disquisit. magicæ. lib.* V, *tit.*
XIV, nº 28.

(3) Démonomanie de BODIN, *livre second*, page 80.

Après lecture de l'arrêt, le juge éleva la voix pour exhorter Jehanne à confesser spontanément la vérité qu'elle ne pouvait plus espérer de tenir cachée, mais elle répondit simplement que les mensonges étant aux yeux de Dieu aussi coupables que la sorcellerie, elle ne pouvait se résoudre à mentir, et pour ce, devait déclarer, comme par le passé, qu'elle se sentait innocente. Bodin se leva, ôta le bonnet de laine noire qu'il portait toujours et saluant la cour, il dit à haute voix : nous faisons savoir à l'honorable tribunal que les questions ordinaire et extraordinaire vont être appliquées à Jehanne Harvilliers, cette sorcière entêtée et blasphématrice. Au nom du Père, du Fils et du St-Esprit. Amen.

Ici toute la Cour se leva et passa dans un caveau voûté qui servait de chambre de torture (1). Deux torches y étaient allumées. Au moment où la prisonnière fut remise au bourreau, elle frémit et demeura en proie à une indécision qui se traduisait d'abord par une alternative de rougeur et de pâleur subites, puis à l'aspect des chevalets, brodequins, coins, roues, tenailles, pinces, appareils effrayants de supplice dont le moindre était cent fois pire que la mort, elle fut saisie d'un tremblement nerveux, sa main alla chercher la muraille, et elle fut forcée de s'asseoir. Sa respiration, lente et pénible, fut bientôt fréquente et rapide comme quand la poitrine se dégage après un moment d'oppression. L'infortunée, fatiguée d'un pareille émotion, épouvantée des horreurs qu'on lui

---

(1) On supposait alors que si les sorcières enduraient la gêne avec une patience extraordinaire, et, — ce qui arrivait souvent, quoique cela puisse sembler étrange, — venaient à s'endormir pendant l'opération — c'est que le diable les rendait insensibles à la souffrance au moyen d'une amulette qu'elles avaient sur elles, cachée en quelque endroit secret.

Lexique universel de Zedler, vol. XLIV art. Torture.

préparait, se jeta aux pieds du magistrat, demandant grâce d'une voix suppliante : « Hélas ! dit-elle avec un doulou-
» reux accent, je vois bien à quoi vous songez, j'ai mené
» une vie indigne, je suis la plus misérable des femmes :
» Je suis née en pleine Bohême ; le premier fruit qu'on a
» porté à mes lèvres a été le fruit défendu. Je ne sais pas
» quelles affreuses passions, quels terribles caprices ne
» m'ont pas battue de leurs ailes. Des aveux ! je vous en
» ferai dont vous frémirez vous-même !...

Les questions suivantes lui furent adressées :

— Si elle pouvait ensorceler ?

— Oui, elle le pouvait.

— Qui lui avait appris à le faire ?

— Satan lui-même.

— Combien elle avait de démons à ses ordres ?

— Un seul lui suffisait bien.

Alors, sur de nouvelles questions du juge, elle déclara s'être rangée dans la bande des sorciers, depuis sa plus tendre jeunesse, à cause des pertes qu'elle avait faites par suite des guerres qui lui avaient enlevé tout ce qu'elle possédait ; que la marque qu'elle portait sur l'épaule gauche était en effet celle que le diable lui avait imprimée la première fois qu'elle s'était trouvée à l'assemblée des sor-ciers. « Voilà qui est avoué, s'écriait-on autour d'elle. —
» Tu ne diras plus que tu n'est pas sorcière. — Ce serait
» pécher que dire que tu ne l'es pas !

Le jour suivant Jehanne fut ramenée devant Bodin pour obtenir acte de ratification des déclarations et confes-sions qu'elle avait faites la veille ; mais après la lecture, elle déclara au milieu d'imprécations et d'injures contre le magistrat, qu'elle avait ouï quelque bruit qu'on devait la brûler, et que pourtant tout ce qu'elle avait confessé n'a-vait été dit que dans la crainte d'être torturée, et qu'il n'y avait pas dans sa déclaration un seul mot de vérité. Ramenée, par ordre du juge, dans la chambre de la torture qui, semblable à la Gehenne peinte dans l'évangile, n'entendait que les sanglots et ne voyait que les grincements de dents, la pauvre femme effrayée ratifia la confession qu'elle avait faite le jour précédent et déclara la reconnaître véritable en tous points. Elle avoua en outre, sur de nouvelles interpellations du juge, des crimes qui ne pouvaient être que l'illusion d'une imagination exaltée. Etrange existence qui était pour ainsi dire un rêve continuel dans lequel les sens même, à force de finesse, devenaient les complices de l'imagination, et où l'âme, plongée dans un monde fantastique, finissait par ne plus distinguer l'illusion de la réalité.

Sa mère, dit elle, l'avait livrée au diable sous la figure d'un homme maigre et noir, lorsqu'elle eut atteint l'âge de douze ans (1), lui disant : *Voici ma fille que je vous ai promise*, et à elle : *Voici votre amy qui vous rendra bien heureuse.* Une liaison commença dès lors, et depuis ce temps, quoiqu'il y avait trente-huit ans de cela, le diable n'avait jamais cessé de la visiter. Pour faire le pacte avec son diable, elle avait renoncé à son baptême, à Jésus-Christ, à la Vierge Marie et aux sacrements de l'Eglise. Le diable se présentait à elle quand elle le voulait, toujours avec le même visage et le même vêtement noir que la première fois. Il était éperonné, botté et avait une épée au côté. — Son cheval était à la porte, et cependant personne ne le voyait. — Que, dans ses embrassements le diable, avait les lèvres froides. — Jehanne confessa encore qu'elle avait été transportée par le diable aux assemblées des sorciers, après s'être oint tout le corps d'un onguent appelé *la graisse d'enfant sans baptême* (2). — Qu'elle montait un

----

(1) Demonomanie de Bodin, *livre* 4, page 212.

(2) La chronique de saint Denis rapporte que l'un des chefs d'accusation invoqués contre les templiers par Philippe IV, en 1309,

bouc noir qui allait d'une vitesse si grande et si loin qu'elle était ensuite toute lasse et foulée (1). Toutes ces révélations n'étaient que le produit d'une imagination malade, dont le moral affaibli par le jeûne et l'abstinence qu'on lui faisait souffrir, exprimait des visions éphémères. (2) — Elle indiqua les sorts dont elle se servait pour faire mourir les bestiaux, et qui consistaient dans une composition qui (dit Bodin) était si remplie de sacriléges, d'impiétés et de profanations qu'il vaut mieux l'ensevelir dans l'oubli que d'en rappeler les idées. Le seul récit en ferait horreur. Cette composition mise dans un pot de terre, était enterrée sous le seuil de la porte des étables ou dans les chemins où les bestiaux passaient le plus fréquemment et tant que ce sort demeurait en ce lieu, ou que celui qui l'avait posé était en vie, la mortalité des bestiaux ne cessait point. Dès lors on l'accusa de toute la sorcellerie arrivée dans le village,

---

fut: s'il naissait un enfant d'un templier et d'une fille, ils le faisaient rôtir et se servaient de la graisse pour s'oindre.

(1) Les vrais médecins, qui, comme il n'est pas besoin de le dire ne reconnaissent dans la nature rien de surnaturel, n'en confessent pas moins qu'il existe dans certaines maladies, dans la catalepsie par exemple, certains phénomènes qu'il n'est pas permis à nos connaissances actuelles d'expliquer. S'il fallait nier l'existence de tous les faits qui se dérobent actuellement à nos explications, ce serait retrécir beaucoup le champ de la science philosophique; il faudrait nier par exemple, le sommeil, sorte de fonction négative dont la catalepsie n'est peut être qu'une lésion. *Dict. de méd.* 8e vol. page 16.

(2) Sylvestre Prièras rapporte que l'Official, inquisiteur de la foi, ayant un grand nombre de sorcières en prison, en la ville de St-Come et ne pouvant croire les choses étranges qu'elles disaient, voulut en faire la preuve et se fit mener au sabbat par l'une des sorcières. Il vit, en se tenant un peu à l'écart, toutes les abominations, hommages au diable, danses, copulations, et puis, pour terminer la vision, le diable qui faisait semblant de ne pas l'avoir vu, le battit tant et si long-temps qu'il en mourut quinze jours après.

et de tout elle convint, si ce n'est d'avoir donné la mort au vieux Prudhomme. Après ces aveux dont la Cour fut satisfaite, Johanne se repentit, requérant pardon à Dieu.

L'extérieur extraordinaire de cette femme, le mélange de bizarrerie et d'enthousiasme qui régnait dans ses discours avaient produit la plus vive impression sur les juges. Ses paroles, souvent entrecoupées, étaient trop claires et trop intelligibles pour qu'on pût la soupçonner d'une véritable folie ; et cependant il s'y trouvait en même temps trop de désordre, trop de vehémence, pour qu'on pût les regarder comme sorties d'une tête bien organisée. Elle semblait avoir agi sous l'influence d'une imagination exaltée, plutôt que dérangée, et, il était hors de doute que ces aveux produisaient un effet très différent sur l'esprit des juges. Sans ajouter foi à tous ceux arrachés par la crainte de la torture, plusieurs juges se trouvaient sous l'impression de la commisération. Les magistrats soucieux, étaient en proie à une évidente préoccupation. — Il fallut toute la conviction et la sévérité du président Bodin pour entrainer la condamnation à mort de la pauvre Johanne. Il y eut un juge d'un caractère plus doux et plus appitoyé, qui fut d'avis qu'il suffisait de la faire pondre, mais les autres, après avoir examiné les crimes détestables qu'elle avait commis et consulté les peines établies par les loix divines et humaines, et même la coutume établie dans toute la chrétienneté et gardée en France de toute ancienneté, furent d'avis qu'elle devait être condamnée à être brûlée vive, *quia plus est occidere veneno quam gladio.* Ce qui fut ainsi jugé par la majorité.

Le lendemain de ce jugement, vers dix heures du matin, le greffier criminel se transporta, accompagné de plusieurs archers, dans la prison de Johanne qu'il trouva disant ses oraisons à genoux ; elle vit entrer sans émotion le greffier criminel et sa suite, et se leva d'un air calme et résigné pour entendre l'arrêt suivant qui lui fut lu à haute voix :

« Vu par la cour les procès, charges, confessions et af-
« firmations, etc. ; attendu que la dite Jehanne Harvillers,
« tant par ses confessions que par les témoignages des
« sieurs ... etc., est convaincue d'être sorcière ; confessant
« que, pour s'enrôler, elle a été obligée de renoncer au bap-
« tême, à Jésus-Christ, à la Vierge Marie et aux sacrements
« de l'Eglise ; avouant s'être rencontrée plusieurs fois aux
« assemblées nocturnes de sorciers, avouant aussi avoir eu
« commerce avec le diable. Nous ordonnons que l'accusée
« sera brûlée dans le feu, jusqu'à ce que mort s'ensuive,
« comme un juste châtiment pour elle, et un salutaire aver-
« tissement pour les autres, *quia plus est occidere veneno quam*
« *gladio.* »

« Prononcé le jugement en public le 26 avril 1578. »

Amen ! répondit Jehanne en faisant le signe de la croix, et continuant sa prière.

— Compère, dit tout bas un des archers au greffier criminel, cette pauvre femme me semble aussi innocente que moi-même et certainement une si bonne chrétienne n'a pas méfait.

— Silence et bouche close ! — Ce n'est pas votre affaire, messire, mon maître, répondit le greffier d'un ton insouciant.

A quelques jours de là, le 30 avril 1578, le peuple de Ribemont était effrayé à l'aspect d'un genre de supplice rare dans la contrée. Le pendeur et ses aides avaient fait élever un vaste bûcher sur la place du Vieux-Marché.

Une agitation extraordinaire se manifestait dans la rue principale de la ville de Ribemont et dans les alentours du château. Dès le matin de ce jour, les crieurs publics parcouraient les rues et les carrefours, en proclamant à son de trompe l'arrêt, et appelant les bonnes gens de Ribemont à l'exécution de la sorcière qui devait avoir lieu à deux heures de relevée.

Tous les habitants de Ribemont étaient en émoi, les marchands avaient fermé leurs boutiques. Une foule immense des villes et des villages environnants, d'Origny, de Moy, de Vendeuil, de Bobain, de Lafère, de Saint-Quentin et Guise, se pressait aux portes de Suzenval, de Suzemont de la ville de Ribemont, à la poterne de Saint-Quentin pour arriver à temps pour le supplice de la sorcière.

Vers une heure, le triste cortège parti de la prison du château se mit en route processionnellement et à pas lents. A la suite de Lambert de Louens, lieutenant-général au baillage de Ribemont, qui tenait à la main la fatale sentence, marchait une femme la tête et les pieds nus, la hart au col, et tenant de la main droite un cierge ardent, c'était Jehanne Harvillers. A ses côtés on apercevait un religieux de Saint-Nicolas-des-Prés qui lui faisait baiser de temps à autre un crucifix qu'il tenait à la main. Un nombreux clergé, une escorte, plus nombreuse encore, fermaient cette marche funèbre.

Dès que le cortège sortit, on entendit crier de toutes parts: voyez la sorcière! voyez la sorcière! Pendant le trajet qui fut lent à cause de la foule grossissant à chaque pas, car, le monde sortait de plus en plus des chaumières et des cabarets, les uns regardaient Jehanne d'un air de pitié, d'autres lui montraient le poing.

— Par la, morbieu! disait celui-ci, cette louve de Verberie fait sa curée des honnêtes gens et bons catholiques et maltraite les vrais serviteurs de Dieu.

— Compainge, demandait un bourgeois, n'avez-vous pas commisération de cette vieille femme qui semble mal aguerrie contre le trépas?

— Seigneur Jésus-Christ, marmottait une vieille dévote, éclairez cette âme damnée et je brûlerai deux cierges d'une livre en l'honneur de Notre-Dame de Sissy.

Une autre voix disait : — Nous mettrions le feu à ses vêtements plutôt que de prier pour elle.

Une station eut lieu devant le grand portail de l'église Saint-Pierre pour l'amende honorable et la demande de pardon à Dieu. L'officier lut ensuite la sentence à la victime et le clergé entonna des cantiques.

La place du Vieux-Marché, encombrée de curieux, présentait au loin une surface animée, ondoyante et tumultueuse : partout des têtes qui se dressaient et des yeux qui regardaient. Au milieu de la place, au-dessus de la foule, apparaissait l'échaffaud à côté duquel on apercevait l'exécuteur avec ses habits rouges.

Jehanne, pendant toute la marche et le défilé du cortège, insensible à tout ce qui se passait autour d'elle, avait constamment cherché des yeux quelqu'un dans la foule. Placée sur le bûcher, ses regards interrogaient encore les assistants, cherchant au milieu d'eux celle à qui elle voulait faire un éternel adieu.... sa fille absente !

A mesure que le moment fatal approchait, les chants lugubres s'affaiblissaient et se confondaient en un murmure. Bientôt un silence morne et anxieux se fit de proche en proche et tous les regards se dirigèrent vers le bûcher. Jehanne était montée et faisait entendre ces dernières paroles :

« Adieu, que le ciel vous pardonne ! Pendant ma vie j'é-
« tais une égyptienne, une fille, une vagabonde ; j'ai été
« bannie, frappée de verges, marquée d'un fer chaud, j'ai
« mendié mon pain de porte en porte, j'ai été chassée de
« villages en villages comme un chien égaré. Qui alors
« aurait ajouté foi en mes paroles ? mais aujourd'hui at-
« tachée au bûcher, prête à mourir, mes paroles ne tombe-
« ront pas à terre, ajoutez foi à ce cri de la vérité : Je suis
« innocente des crimes qu'on m'impute ; je n'ai rien fait

« pour mériter tous les mauvais traitements qu'on me fait
« subir ! »

Elle cessa de parler, mais sa figure portait encore cet
air d'enthousiasme sauvage que donnent aux traits une imagination exaltée, un caractère de physionomie expressif,
des gestes bizarres et imposants. La foule, sous l'impression
de ces dernières paroles, était restée muette d'étonnement
et comme troublée sous le regard douloureux de Jéhanne.
Le son de sa voix vibrait encore sur la foule, que le signal
donné au bourreau fit briller tout-à-coup la flamme.....
Le tourbillon pétille et s'élève dans les airs, la victime
pousse un cri étouffé... c'en est fait !

St-Quentin. — Imprimerie de DOLOY ET TRAVRIN.

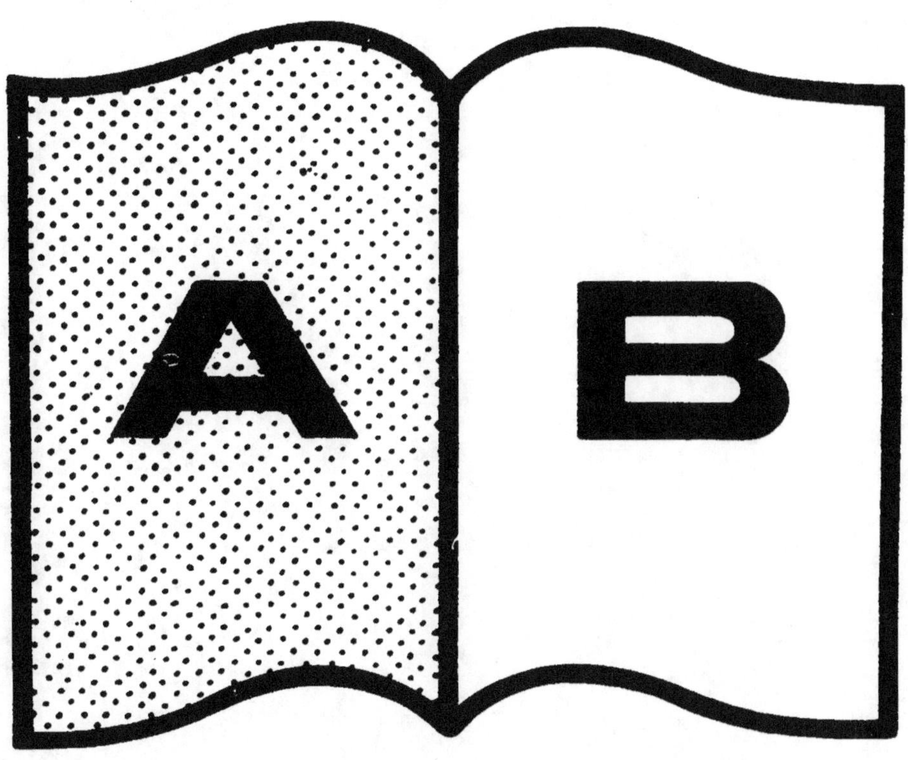

Contraste insuffisant

NF Z 43-120-14